RANGE ROVER
DE LAND ROVER

Un libro de Las Ramas de Crabtree

Tracy Nelson Maurer
Traducción de Santiago Ochoa

CRABTREE
Publishing Company
www.crabtreebooks.com

Apoyos de la escuela a los hogares para cuidadores y maestros

Este libro de gran interés está diseñado con temas atractivos para motivar a los estudiantes, a la vez que fomenta la fluidez, el vocabulario y el interés por la lectura. Las siguientes son algunas preguntas y actividades que ayudarán al lector a desarrollar sus habilidades de comprensión.

Antes de leer:

- *¿De qué creo que trata este libro?*
- *¿Qué sé sobre este tema?*
- *¿Qué quiero aprender sobre este tema?*
- *¿Por qué estoy leyendo este libro?*

Durante la lectura:

- *Me pregunto por qué...*
- *Tengo curiosidad por saber...*
- *¿En qué se parece esto a algo que ya conozco?*
- *¿Qué he aprendido hasta ahora?*

Después de la lectura:

- *¿Qué intentaba enseñarme el autor?*
- *¿Qué detalles recuerdo?*
- *¿Cómo me han ayudado las fotografías y los pies de foto a comprender mejor el libro?*
- *Vuelvo a leer el libro y busco las palabras del vocabulario.*
- *¿Qué preguntas me quedan?*

Actividades de extensión:

- *¿Cuál fue tu parte favorita del libro? Escribe un párrafo al respecto.*
- *Haz un dibujo de lo que más te gustó del libro.*

ÍNDICE

El paseo real 4
Material duro 6
Opciones, opciones, opciones 12
Actitud vertical 16
Espacio para sentarse 20
Extras tecnológicos 24
Viajero del mundo 28
Glosario 30
Índice analítico 31
Sitios web 31
Acerca de la autora 32

EL PASEO REAL

Land Rover diseña y fabrica vehículos en el Reino Unido. La reina de Inglaterra y su familia real han sido propietarios y han conducido Land Rovers desde 1948, cuando se fundó la empresa.

En 1982, el Papa Juan Pablo II realizó una gira por Inglaterra y Escocia en un Range Rover, el primer papamóvil a prueba de balas.

Los primeros modelos Land Rover, inspirados en el jeep de la Segunda Guerra Mundial, entraron en producción en 1948.

Land Rover comenzó a vender el Range Rover en 1970. Su lujo y comodidad combinan bien con su potente control **todoterreno**. La mayoría de los propietarios nunca llevarán sus lujosos Range Rover fuera de la carretera, pero les gusta saber que podrían.

Los fanáticos han visto a la cantante y actriz Ariana Grande conduciendo su Range Rover Sport en California. Muchas celebridades poseen Range Rovers.

MATERIAL DURO

Los Range Rover llevan la conducción urbana con estilo. Pero conducirlo por el campo muestra el verdadero espíritu de este **SUV**. La tracción 4x4 envía potencia a cada rueda para garantizar aventuras seguras en casi cualquier clima. El sistema de **suspensión** mantiene las cuatro ruedas en el suelo y una marcha estable en el interior.

Un sistema avanzado verifica los movimientos del vehículo hasta 500 veces por segundo para ajustar la conducción y brindar más control al conductor.

Casi 1 pie (0.3 m) de distancia del suelo permite que el Range Rover avance por terrenos irregulares. Incluso puede vadear hasta 35.4 pulgadas (90 cm) de profundidad a través del agua gracias a un compartimiento especial e impermeable del motor.

RANGE ROVER

Land Rover somete al Ranger Rover a las habituales pruebas de conducción y seguridad que los compradores esperan. La compañía también establece desafíos locos para llevar estos vehículos al límite. En un desafío, un Range Rover eléctrico dominó las 99 curvas cerradas que serpenteaban por la montaña Tianmen en China. Luego, inmediatamente subió los 999 escalones hasta la parte más alta, La Puerta del Cielo, manteniendo un ángulo de 45 grados la mayor parte del camino.

En Suiza, un helicóptero llevó un Ranger Rover a la cima de la pista de esquí Inferno, de 9.3 millas (15 km), para ver si el vehículo podía terminar esta salvaje carrera cuesta abajo. ¡Dominó la ruta de manera brillante!

OPCIONES, OPCIONES, OPCIONES

Los compradores pueden elegir entre seis opciones de motor Range Rover, incluido un motor dual eléctrico y de gas. El motor base es un seis cilindros **turboalimentado** de 3.0 litros. Pasa de 0 a 60 mph (97 km /h) en solo 6.6 segundos.

Los Range Rovers con motor V8 pueden pasar de 0 a 60 mph (97 km /h) en 5.1 segundos, ¡una velocidad atrevida para un SUV!

Land Rover fabrica el Range Rover en varios modelos que varían en precio, desde alrededor de los $43 000 dólares hasta arriba de $100 000. Estos incluyen el Range Rover Evoque, el Range Rover Velar, el Range Rover Sport y el Range Rover.

¿El Range Rover más elegante hasta ahora?
La SVAutobiography Dynamic Black Edition. Su precio inicial es de $183 000 dólares. Las siglas «SV» significan Operaciones de vehículos especiales (Special Vehicle Operations).

Range Rover Evoque

Range Rover Velar

Range Rover Sport

Range Rover

ACTITUD VERTICAL

La forma erguida y el capó largo del Range Rover se destacan entre otros SUV. Los cristales tintados hacen que parezca que el techo flota sobre el vehículo.

Una sola hoja de aluminio forma el capó del Ranger Rover y le da un acabado suave. El aluminio pesa menos que el acero y también resiste la oxidación.

El Range Rover Long Wheelbase opcional realza su majestuoso estilo al aumentar 7.8 pulgadas (20 cm) su largo exterior. Esto da 7.5 pulgadas (19 cm) de espacio extra en el interior.

En los modelos Long Wheelbase busca una insignia en forma de «L» detrás de cada arco de las ruedas delanteras.

ESPACIO PARA SENTARSE

En el interior, el Range Rover envuelve a los pasajeros en comodidad y lujo. Los finos detalles de cuero y madera se suman a la elegancia. Cuatro asientos extraanchos y extracómodos son **reclinables**, incluso en la fila trasera. La **consola** central también se puede levantar para un quinto asiento.

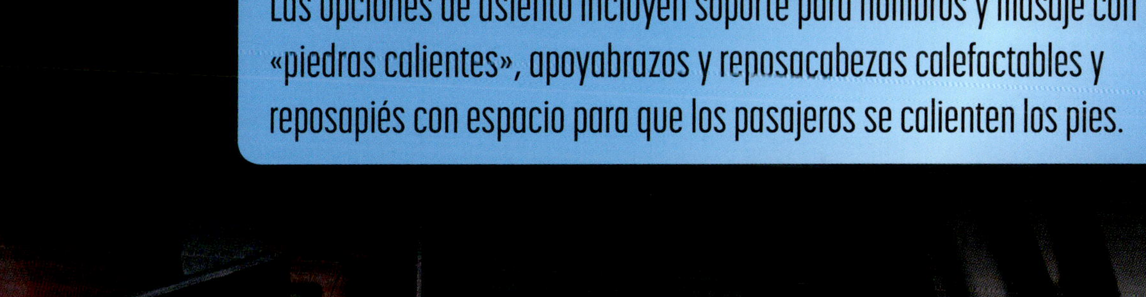

Las opciones de asiento incluyen soporte para hombros y masaje con «piedras calientes», apoyabrazos y reposacabezas calefactables y reposapiés con espacio para que los pasajeros se calienten los pies.

Los asientos de primera clase del Range Rover se mueven al aire libre para brindar comodidad en cualquier lugar. Dos asientos opcionales de lujoso cuero se montan en el portón trasero para crear tu propia **graderíа** para juegos deportivos, fuegos artificiales, espectáculos ecuestres u otros eventos.

Para los pasajeros que salen de un Range Rover, un sistema de advertencia en la puerta se enciende si detecta vehículos que pasan, ciclistas u otros peligros.

EXTRAS TECNOLÓGICOS

La tecnología de Range Rover puede ayudar a los conductores a mantener bajas velocidades en terrenos resbaladizos, frenar de forma segura en pendientes empinadas u obedecer los límites de velocidad del tráfico. Los sistemas a bordo pueden advertir al conductor si el vehículo se sale del carril o incluso estacionar el automóvil automáticamente.

Todos los Range Rover tienen sistemas de navegación e información y entretenimiento de primera categoría. En los asientos traseros cada pasajero puede tener una pantalla de visualización personal.

Los Range Rovers pueden incluir todo tipo de extras. Los compradores pueden optar por un refrigerador que encaje en la consola central o una puerta de seguridad especial para transportar mascotas. Un sistema de filtro de aire para la cabina puede ayudar a controlar los olores y los gérmenes. ¡La lista de opciones sigue y sigue!

VIAJERO DEL MUNDO

Los Range Rovers han dejado huella en todos los continentes. En todo el mundo, la gente los conduce por comodidad, aventuras y trabajo. ¿Un safari africano? ¿Esquiar en los Alpes? ¿Una carrera a través del desierto? ¡El elegante Range Rover está listo para todo!